I0486988

EXPERT ADVISOR E STRATEGIE DI TRADING FOREX

Porta il Tuo Expert Advisor e il Trading Forex
ad un Livello Superiore

WAYNE WALKER

© Copyright 2018 di Wayne Walker. Tutti i diritti riservati.

Questo libro è stato scritto con l'obiettivo di fornire informazioni che siano il più possibile accurate e affidabili. Prima di intraprendere qualsiasi azione contenuta nel presente documento, dovrebbero essere consultati dei professionisti a seconda delle necessità.

La presente dichiarazione è ritenuta equa e valida sia dall'American Bar Association che dalla Committee of Publishers Association, giuridicamente vincolante in tutti gli Stati Uniti. Inoltre, la trasmissione, la duplicazione o la riproduzione di una qualsiasi delle seguenti opere, incluse informazioni precise, sarà considerata un atto illegale, indipendentemente dal fatto che sia stata effettuata elettronicamente o a mezzo stampa. La legalità si estende alla creazione di copie secondarie o terziarie dell'opera o di una copia registrata, consentite esclusivamente con l'espresso consenso scritto dell'Editore. Ogni diritto aggiuntivo è riservato.

Le informazioni contenute nelle seguenti pagine devono essere considerate, in linea di massima, un resoconto veritiero e accurato dei fatti e, in quanto tali, qualsiasi disattenzione, uso o abuso delle informazioni in questione da parte del lettore renderà qualsiasi azione risultante esclusivamente di sua competenza. Non esistono scenari in cui l'editore o l'autore originale di quest'opera possa in alcun modo essere ritenuti responsabili per eventuali disagi o danni che potrebbero verificarsi dopo aver messo in atto le informazioni qui descritte.

Indice

Introduzione

Questo libro amplierà la tua conoscenza del trading con una full immersion nel mondo del trading programmato e delle strategie avanzate per il forex. L'obiettivo di questo libro è quello di fornirti informazioni pratiche e utili per quanto riguarda il trading. Non troverai le storie selvagge e incredibili che si possono incontrare spesso nella letteratura finanziaria. Preferisco condividere circostanze interessanti che ho avuto modo di sperimentare in prima persona durante le operazioni trading, e fornirti così una panoramica di come funzionano davvero le cose.

Come investitore o trader, ad un certo punto potresti imbatterti in post online che affermano di avere "la migliore strategia di break out". Troverai anche articoli e libri di ricerca che parlano dei rendimenti medi di varie strategie e forniscono statistiche in merito. E se ti stai chiedendo: "funzionano?", ecco che inizia il processo di analisi. Come trader è importante sapere in che modo vengano calcolati i risultati simulati e necessiti che siano il più precisi possibile. Andiamo ora ad analizzare alcune strategie e sistemi di trading differenti.

NOTA: Il formato dei primi tre capitoli si sviluppa sotto forma di un'avventura nel mondo del trading in cui verrà introdotta, testata ed infine perfezionata una strategia.

Capitolo 1:
Anomalia del Giorno della Settimana

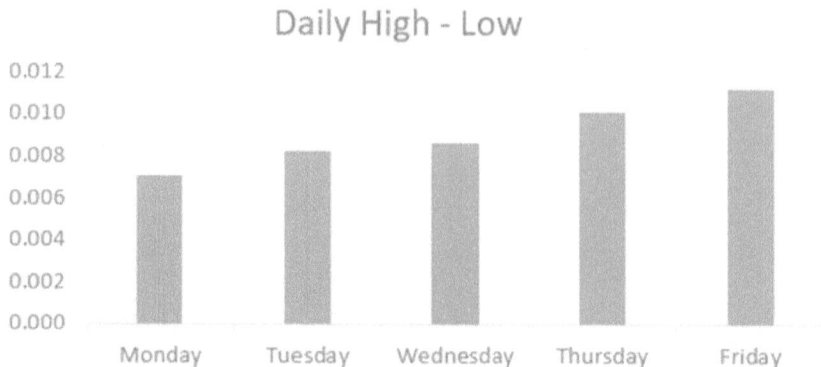

Alcune ricerche hanno dimostrato come le azioni e altri mercati tendono a muoversi di più il venerdì piuttosto che il lunedì. Per verificare questa ipotesi, io e un mio collega abbiamo raccolto i dati storici dal 2001 al 2016. Abbiamo diviso i dati con una proporzione 80/20, in cui l'80% era presente nel campione (in sample) e il resto ne era al di fuori (out of sample).

Nota. In Sample – Out of Sample: sono le statistiche a parlare e nella maggior parte dei casi significa utilizzare i dati del passato per fare previsioni del futuro. Con il termine "in sample" ci si riferisce ai dati che hai, mentre "out of sample" indica i dati che non hai ma che vuoi prevedere o stimare.

Il Segnale

Come mercato principale per il nostro test abbiamo scelto il mercato Forex. All'inizio abbiamo dovuto affrontare il problema con l'ora legale, che richiedeva di compensare le impostazioni dell'orario. Quindi è stato necessario selezionare quale momento della giornata sarebbe stato ottimale per le operazioni di trading, se sarebbe stato meglio utilizzare la chiusura della sessione europea, quella di New York o quella asiatica. Per mantenere il tutto relativamente semplice, abbiamo acquistato solamente all'apertura del giorno di venerdì (europeo) e abbiamo mantenuto le posizioni fino all'apertura del giorno successivo.

Per l'Effetto Giorno della Settimana del venerdì, abbiamo comprato alle 00.00 e venduto alle 00.00 di lunedì. Ciò ha richiesto di tenere conto del divario (fine settimana), ma non lo abbiamo visto come un grosso problema. Anche il tempo non è stato considerato come un fattore significativo, dato che i fattori scatenanti della volatilità reale si manifestano quando il mercato è aperto. Pertanto, se non avessimo chiuso il venerdì sera ma avessimo mantenuto le posizioni aperte fino a lunedì, ciò non avrebbe avuto un impatto notevole dato che il mercato non si muove quando è chiuso.

Dati

Il nostro periodo in sample va dal 01.01.2001 al 31.12.2011, mentre il periodo out of sample era dal 01.01.2012 al 01.06.2016. Lo strumento negoziato era EURUSD.

Strategia di Base

Siamo partiti dalla strategia di base e senza alcuna modifica dei parametri. La strategia prevedeva di acquistare al primo tick dopo le 00.00 di venerdì, e di vendere al primo movimento di prezzo del lunedì (alle 00.00). Si tratta di qualcosa di diverso rispetto a ciò che è stato fornito dagli studi precedenti, utilizzando Excel o qualsiasi altro programma che misura la variazione media di prezzo dal giorno di apertura a quello di chiusura (giorno di apertura successivo). Abbiamo utilizzato i dati tick e un simulatore che riproduceva l'ambiente di trading reale per ottenere dei risultati che fossero il più precisi possibile.

Nota. Tick: con tick si intende una misura del movimento minimo al rialzo o al ribasso del prezzo di un titolo. Un tick può anche riferirsi alla variazione del prezzo di un titolo tra operazioni di trading.

Primi Risultati

Per iniziare, non abbiamo incluso alcun stop loss o take profit. Inoltre, non abbiamo apportato altre modifiche alla strategia; il nostro periodo di test è stato dal 01.01.2005 al 26.08.2016.

I risultati sono stati i seguenti:

Results	
Average profit	-1.57
Sum profit	-897.84
Winning trade	297
Total trades	572
Standard dev	96.55
Relnumber	-0.39

Sono stati deludenti, la perdita totale è stata di 897 USD. Era chiaro che la strategia di base necessitava di una messa a punto che potesse migliorare i nostri risultati.

Aggiunta del Filtro del Trend della Media Mobile Esponenziale

Abbiamo applicato il filtro di trend 20 EMA, 60 EMA e 100 EMA. Una Media Mobile Esponenziale (EMA) è un tipo di media simile alla media mobile semplice, tranne per il fatto che viene data maggiore importanza ai dati più recenti. È conosciuta anche come Media Mobile Ponderata Esponenzialmente. Questo tipo di media mobile reagisce più velocemente alle variazioni di prezzo recenti, rispetto a ciò che avverrebbe con una media mobile semplice. Per alcuni ciò potrebbe sembrare casuale, ma il filtro è stato scelto proprio tenendo conto del numero di giorni che conta.

20 EMA = 20 giorni di negoziazione in un mese
60 EMA = 60 giorni di negoziazione equivalgono a tre mesi
100 EMA = 100 giorni di negoziazione equivalgono a cinque mesi

Filtro trend: 20EMA> 60EMA> 100EMA

Il grafico illustra il filtro di trend:

Puoi vedere come abbia aperto le negoziazioni solo quando l'EMA 20 (linea superiore) è superiore a 60 EMA (centrale) e 60 EMA è superiore a

100 EMA (inferiore). Avrei potuto utilizzare solo 20 EMA> 100 EMA, ma ciò avrebbe più volatilità o segnali di falsa entrata. Volevo che i trend a lungo termine (60 EMA> 100 EMA) e a breve termine (20 EMA> 60 EMA) fossero in aumento.

Abbiamo ottenuto i seguenti risultati:

	Average profit	Sum profit	Winning trade	Total trades	Standard dev	Relnumber
The Basic Strategy	-2	-898	297	572	97	-0.39
20EMA>60EMA>100EMA	6	1832	178	322	86	1.19
20EMA<60EMA<100EMA	-12	-1831	68	147	103	-1.47

Per confrontare due o più sistemi non è sufficiente esaminare solo i profitti. Questo perché il profitto è solo uno degli indicatori. Altrettanto importante è il numero di scambi e la volatilità. Non ha senso disporre di un sistema con una sola grande operazione, o con poche operazioni redditizie e molte perdite. Quelle poche operazioni di trading redditizie potrebbero essere casuali, potrebbero essere Black Swans che molto probabilmente non si ripeteranno in futuro; quindi non è necessaria troppa variazione. La formula per il numero Rel a cui faremo riferimento è:

$$Rel = \frac{Average\ profit}{Standard\ deviation\ of\ profit} * \sqrt{\#\ of\ trades}$$

In genere, puoi aspettarti rendimenti migliori da una strategia con molte operazioni rispetto ad una con poche. Per riassumere, maggiore è il numero Rel, migliore sarà il sistema di trading.

Possiamo quindi concludere che applicando il filtro per un trend rialzista otteniamo rendimenti migliori rispetto alla strategia di base. L'altro è che questa strategia funziona meglio in un mercato al rialzo che in un trend al ribasso, abbiamo avuto rendimenti negativi in un mercato al ribasso. Abbiamo anche avuto un numero Rel migliore con un filtro di trend.

Filtro Volatilità

La nostra opinione è che anche la volatilità possa essere un indicatore importante. La volatilità è in continua evoluzione, quindi il confronto con una volatilità recente avrà più senso. Abbiamo confrontato l'intervallo medio di 10 giorni con quello medio di 1 giorno. Questo ci ha permesso di notare un'eccessiva volatilità e il contrario. Utilizzare tali impostazioni è come comparare la volatilità odierna con la volatilità media degli ultimi 10 giorni di negoziazione (due settimane).

Abbiamo visto i seguenti risultati:

	Average profit	Sum profit	Winning trade	Total trades	Standard dev	Relnumber
The Basic Strategy	-2	-898	297	572	97	-0.39
20EMA>60EMA>100EMA	6	1832	178	322	86	1.19
20EMA<60EMA<100EMA	-12	-1831	68	147	103	-1.47
ATR(1)>ATR(10)	-2	-356.74	73	143	82	-0.4
ATR(1)<ATR(10)	12	2188.62	105	179	88	1.9

I risultati hanno mostrato che l'**eccessiva volatilità** del giovedì ha distrutto la strategia, il che significa che se l'intervallo del giovedì precedente è superiore alla volatilità delle ultime due settimane, ciò risulta essere negativo per la strategia. Tuttavia, se si verifica la situazione contraria questo intervallo sarà inferiore rispetto all'intervallo medio degli ultimi dieci giorni e noi guadagneremo con questa strategia. Anche se il meccanismo non ti sarà subito chiaro lo diventerà con il tempo. Per ora sappi solo che è normale che questa strategia funzioni bene quando c'è un **trend rialzista** e la **volatilità è inferiore** rispetto alle due settimane precedenti. In qualità di investitore o trader, vorrai acquistare nel momento in cui vedrai l'EURUSD in un trend rialzista, sia a breve che a lungo termine. Abbiamo anche visto come sia migliorato il numero Rel; abbiamo fatto meno operazioni di trading ma aumentato i profitti. Una diminuzione della volatilità ha aumentato il nostro numero Rel, che era comunque buono. Ricorda che non volevamo giocare d'azzardo, facevamo trading solo quando era il momento appropriato. Il nostro numero Rel è migliorato, passando da 1,19 a 1,9.

Gioco d'Azzardo o Investimento Con Rischio Calcolato = Stop loss!

In genere evito di fare trading senza uno stop loss, questo perché ho necessita di sapere cosa sto rischiando su ogni particolare operazione. Utilizzando la mia formula personale ho pensato che lo stop loss giusto per questa strategia fosse di 50 pip.

Introducendo uno stop loss, i risultati hanno diminuito la volatilità. Come puoi vedere (Tabella 1) abbiamo migliorato il numero Rel e diminuito invece il numero di operazioni di trading vincenti. L'aumento del numero Rel sta a significare che vi sono state diverse operazioni che hanno visto un movimento di più di 50 pip contro di noi, prima che andassero nuovamente in profitto. Questo per me è simile al gioco d'azzardo, preferirei escludere tali operazioni e impostare uno stop loss a 50 pip.

Dimensionamento della Posizione e % Fissa per Operazione

Hai mai effettuato un'operazione senza considerare che se vai in perdita oltre una percentuale fissa del tuo capitale sei costretto a chiudere l'operazione? Nel trading questo comportamento non è raccomandato, non apro mai un'operazione di trading senza aver calcolato il rischio. Passeremo ora al concetto di un'operazione di trading a percentuale fissa. È qui che la dimensione del lotto sarà funzionale al nostro stop loss e con una tolleranza al rischio dell'1%. Corri più rischi quando la tua curva dell'equity aumenta, e ne corri meno quando questa diminuisce.

Con il dimensionamento della posizione abbiamo aumentato il nostro profitto complessivo, ma abbiamo anche aumentato la volatilità nella nostra curva dell'equity, e di conseguenza il nostro numero Rel è diminuito leggermente. Preferirei includere il dimensionamento della posizione piuttosto che fare affidamento su un numero Rel più alto.

Tabella1

	Average profit	Sum profit	Winning trade	Total trades	Standard dev	Relnumber
The Basic Strategy	-2	-898	297	572	97	-0.39
20EMA>60EMA>100EMA	6	1832	178	322	86	1.19
20EMA<60EMA<100EMA	-12	-1831	68	147	103	-1.47
ATR(1)>ATR(10)	-2	-356.74	73	143	82	-0.4
ATR(1)<ATR(10)	12	2188.62	105	179	88	1.9
50 pips SL	11	2024.08	87	179	66	2.3
Position sizing	13	2280	85	179	77	2.22

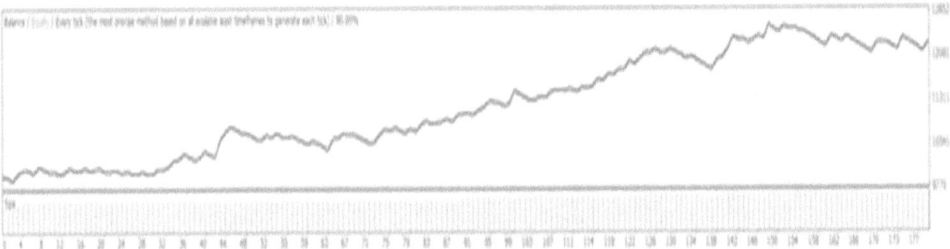

Curva dell'equity in sample con dimensionamento della posizione

Test Out of Sample

Abbiamo effettuato un test out of sample nel periodo che va dal 01.01.2012 al 01.08.2016

	Average profit	Sum profit	Winning trade	Total trades	Standard dev	Relnumber
The Basic Strategy	-2	-898	297	572	97	-0.39
20EMA>60EMA>100EMA	6	1832	178	322	86	1.19
20EMA<60EMA<100EMA	-12	-1831	68	147	103	-1.47
ATR(1)>ATR(10)	-2	-356.74	73	143	82	-0.4
ATR(1)<ATR(10)	12	2188.62	105	179	88	1.9
50 pips SL	11	2024.08	87	179	66	2.3
Position sizing	13	2280	85	179	77	2.22
Out of sample	5	189	19	37	49	1

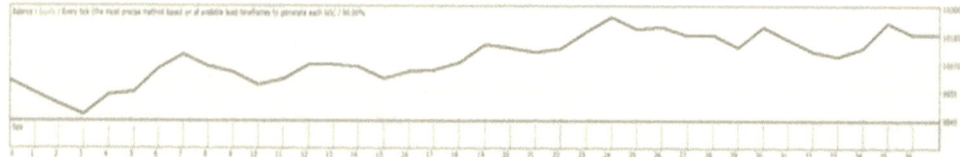

Curva dell'equity out of sample

I risultati non erano poi così promettenti, avevamo un profitto totale di 189 USD e l'equity iniziale era di 10.000 USD; questo equivale ad un rendimento dell'1,89%. Abbiamo anche ottenuto un numero Rel più piccolo e non così positivo. Il prelievo massimo ricevuto di 289 USD è stato di gran lunga superiore alla somma del profitto. Ovviamente non sono rimasto soddisfatto di questi risultati.

Sommario

Abbiamo intrapreso diversi passi per il miglioramento della strategia del Giorno della Settimana. Quello che possiamo dire con certezza è che se includi i costi di transazione nella strategia di base non guadagnerai.

Questa strategia funziona meglio in un mercato rialzista. In qualità di trader esperto, ho pensato che il problema potesse derivare dall'intervallo di tempo. La strategia avrebbe potuto essere più redditizia, ma non le abbiamo concesso abbastanza tempo. Lo stop loss di 50 pip è sufficiente, ma dall'altra parte abbiamo chiuso il nostro trade lunedì a prescindere dai risultati. È quindi necessario un ulteriore perfezionamento.

Nel prossimo capitolo manterremo la stessa strategia, ma la gestione del trading dovrà essere differente. Nel momento in cui si effettuano operazioni in questo modo, allora sarà necessario includere una funzione di take profit della volatilità settimanale o del trailing stop. Nei prossimi capitoli parleremo dei miglioramenti necessari.

Capitolo 2:
Primo Perfezionamento: Strategia dell'Effetto Giorno della Settimana

Continuiamo apportando la nostra prima modifica alla strategia dell'Effetto Giorno della Settimana partendo dall'ultimo capitolo. Quello che indicherò come la debolezza dell'Effetto Giorno della Settimana è il modo tradizionale utilizzato per le operazioni di trading. La debolezza sta appunto nel chiudere le operazioni di trading il lunedì mattina perché stai correndo dei rischi, anche utilizzando uno stop loss. Ma se non diamo abbastanza tempo alla transazione non potremo ottenere il massimo profitto possibile. Una regola semplice ma rispettata del trading è quella di "ridurre le perdite e lasciare che i tuoi profitti corrano".

Dopo aver esaminato la strategia mi sono reso conto che il guadagno era dovuto solo al fatto che vi erano buone operazioni di trading che si muovevano di 300-400 pip durante un giorno. Sfortunatamente si tratta di un evento raro che include molti prelievi che preferirei non avere nel mio portafoglio. Ora vedremo la differenza di equity utilizzando alcuni metodi per la gestione del trading differenti; il nostro segnale di ingresso rimane lo stesso. Vedremo anche perché è importante includere la volatilità nella pianificazione.

Metodo

Utilizzando lo stesso segnale di trading ma sul venerdì, abbiamo aperto con 20EMA> 60EMA (questa volta abbiamo escluso il 100 EMA). La dimensione del lotto è 0,1 e abbiamo un saldo iniziale del conto di 10.000 USD. La dichiarazione di chiusura del lunedì è stata rimossa e abbiamo avuto solo uno stop loss e un take profit. Abbiamo suddiviso i dati in sample e out of sample. Nel in sample abbiamo ottimizzato i diversi parametri e quindi effettuato un test out of sample per analizzare se la strategia ottimizzata funzionasse o meno. Abbiamo inoltre aumentato la gamma dei nostri dati in sample dal 01.01.1990 al 01.01.2012. Abbiamo utilizzato uno stop loss stretto, un trailing stop e un break even, e abbiamo chiamato questo metodo *No Vols* perché non abbiamo incluso la volatilità in nessuno dei test.

Stop Loss e Take Profit

La nostra strategia ha ottimizzato lo stop loss e il take profit tra 100 e 600 per analizzare il sostentamento dei risultati. Ha fornito uno stop loss ottimale di 400 e un take profit di 600. Abbiamo ricevuto profitti totali per 86.413 USD e un numero Rel di 7,09 che non abbiamo ancora avuto la possibilità di confrontare, visto che nel test avevamo incluso altri 11 anni di dati precedenti. Era necessario combinare questo metodo con altre metodologie di gestione del trading, oltre che analizzare quale fosse il migliore da gestire dopo l'esecuzione di un'operazione di trading. Ciò che abbiamo potuto confrontare è stato il profitto medio, aumentato a 138 USD e quindi superiore di non più del 2,2 rispetto al test precedente; questo solo perché abbiamo permesso alla nostra operazione di durare più a lungo.

Method	Average profit	Sum profit	Total # of trades	Winning # of Trades	Standard deviation of profit	Rel #
Only SL & TP	138 $	86,413	357	626	486.8007082	7.09

Il grafico mostra l'equity con stop loss e take profit
Qui e sugli altri nostri grafici SL = Stop loss e TP = Take profit

Stop loss, Take profit e Break even

La maggior parte dei trader ha familiarità con il break even; da qui modifichi i tuoi stop quando il mercato si è mosso di un certo importo a tuo favore e tutto questo è incluso nella nostra strategia. Il break even è una buona pratica, se non la utilizzi vai incontro al rischio che anche dopo aver ottenuto un profitto l'operazione di trading finirà con una perdita. Abbiamo avuto 71.480 USD di profitti e 6,99 di numero Rel, leggermente inferiore che senza l'uso del break even. La volatilità nella curva dell'equity è diminuita, e così è stato per il profitto, il che significa che a volte siamo stati fermati perché avevamo cambiato il nostro stop loss in break even; si tratta di un compromesso tra rischio-rendimento, abbiamo diminuito il nostro rischio e di conseguenza ottenuto rendimenti inferiori.

Method	Average profit	Sum profit	Total # of trades	Winning # of Trades	Standard deviation of profit	Rel #
Only SL & TP	138 $	86,413	357	626	487	7.09
SL & TP & Breakeven	114 $	71,480	428	626	408	6.99

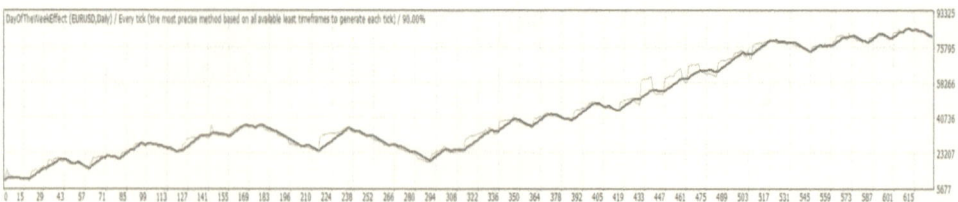

Il grafico mostra l'equity con la funzione di break even, abbiamo ottenuto una curva dell'equity più fluida

Stop loss e Trailing stop

In questa strategia abbiamo utilizzato le medie mobili ed effettuato operazioni quando il mercato era in un trend rialzista. È importante ricordare una delle regole fondamentali del trader: "Riduci le perdite e lascia correre i profitti". È corretto avere uno stop-loss, ma un take profit predefinito limiterebbe i nostri profitti in un trend rialzista dato che non sappiamo esattamente di quanto aumenterà. Pertanto, abbiamo dovuto escludere il take profit e abbiamo aggiunto invece una funzione di trailing stop. Abbiamo aumentato il nostro profitto medio a 350 USD per operazione, aumentato i profitti complessivi a 213.636 USD e il nostro numero Rel a 9,89. Includendo la funzione di break even, avevamo solo 151.194 USD per un profitto e un numero Rel 8,20 che risulta essere inferiore a ciò che è derivato dal solo utilizzo di uno stop loss e un trailing stop. In futuro non includerò la funzione di break even per questa strategia. Seguiremo lo stop al di sotto dei minimi recenti più alti.

Method	Average profit		Sum profit	Total # of trades	Winning # of Trades	Standard deviation of profit	Rel #
Only SL & TP	138	$	86,413	357	626	487	7,09
SL & TP & Breakeven	114	$	71,480	428	626	408	6,99
SL & TP & Trailingstop	350	$	213,636	305	610	875	9,89
SL & TP & Breakeven & Trailingstop	242	$	151,194	425	626	737	8,20

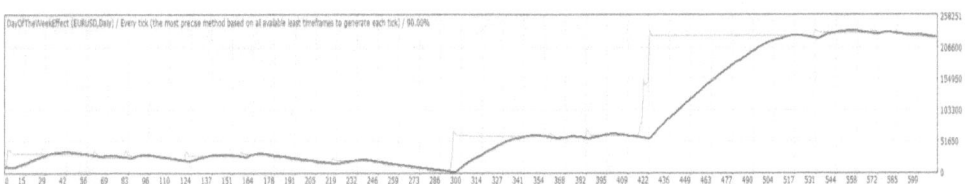

Il grafico mostra l'equity con le funzioni stop loss e trailing stop

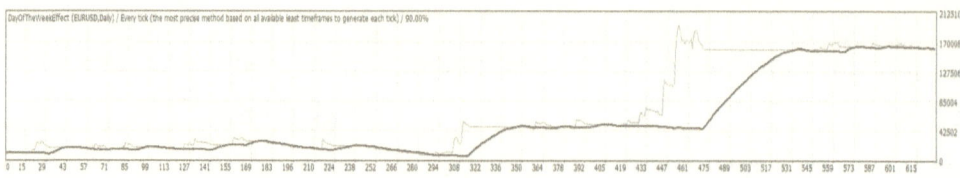

Il grafico mostra l'equity con le funzioni stop loss, break even e trailing stop

Test Out of Sample

Il periodo di test out of sample è stato dal 01.01.2012 al 01.09.2016. Abbiamo registrato risultati deludenti, e per essere più diretti potremo dire di aver perso tutto il nostro capitale di trading e di essere rimasti bloccati. Come trader vogliamo sapere se i nostri risultati saranno validi anche in futuro. Sappiamo anche che esistono diversi modi per gestire le operazioni di trading che miglioreranno i nostri risultati.

La volatilità è molto importante, l'EURUSD è stato modificato in un range dal 2014, per questo non dovresti utilizzare uno stop loss e un take profit ottimizzati nel periodo precedente. Nessuno degli strumenti di gestione del trading è dinamico o valido se non tieni conto della volatilità.

Method	Average profit	Sum profit	Total # of trades	Winning # of Trades	Standard deviation of profit	Rel #
Only SL & TP	138	$ 86,413	357	626	487	7.09
SL & TP & Breakeven	114	$ 71,480	428	626	408	6.99
SL & TP & Trailingstop	350	$ 213,636	305	610	875	9.89
SL & TP & Breakeven & Trailingstop	242	$ 151,194	425	626	737	8.20
Out of Sample	-127	$ (9,770)	22	77	216	-5.16

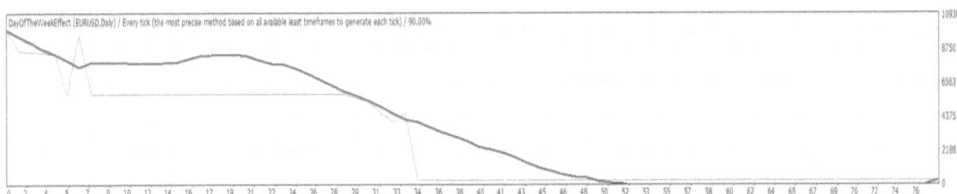

Il grafico mostra l'equity dei risultati del test out of sample

Sommario

Abbiamo mostrato l'importanza dei diversi stili di gestione del trading e l'importanza della volatilità all'interno della nostra strategia. Il mercato attuale potrebbe essere differente dal mercato che avevamo durante il nostro periodo di test. L'EURUSD è stata la nostra coppia di prova e sullo sfondo, nel 2013, i mercati azionari americani ed europei erano ai massimi storici, le persone attendevano un crollo o una scusa legata alla coppia per uscire dal modello di continuazione al rialzo o al ribasso. Le operazioni di trading avvenivano in un intervallo molto ristretto.

Tieni presente che la tua strategia fallirà se non tieni conto della volatilità del mercato. Se fai trading giornaliero e utilizzi uno stop loss di 20 pip e un take profit di 100 pip, ma allo stesso tempo vedi che in l'intervallo medio giornaliero è stato di 60 pip, non raggiungerai mai il tuo take profit. Se utilizzi una strategia di trend e ti avvali solo del take profit, allora non raggiungerai mai il pieno potenziale del trading e dovrai portare lo stop al di sotto del recente massimo o minimo. Puoi vedere come dal grafico della curva dell'equity, nel quale abbiamo avuto solo uno stop loss e trailing stop nella prima metà del trade, che non abbiamo ottenuto molti profitti. Questo perché a quel tempo il range non era così ampio. Pertanto, utilizzare solo take profit e stop loss non produrrebbe risultati ottimali.

Un'alternativa è quella di ottimizzare nuovamente i parametri ogni mese, utilizzando i dati dell'anno precedente o quelli trimestrali e preferibilmente parametri basati sulla volatilità.

Capitolo 3:
Effetto Giorno della Settimana: Introduzione alla Volatilità

Nei capitoli precedenti ci siamo concentrati sull'anomalia dell'Effetto Giorno della Settimana e su come potrebbe essere migliorato. Continueremo a migliorare la strategia introducendo la volatilità.

Qualsiasi trader ti dirà che la volatilità è dinamica ed in continua evoluzione, a volte abbiamo un'eccessiva volatilità e altre una contrazione. Se ottimizzi la tua strategia nel momento in cui il mercato ha un'eccessiva volatilità, e quindi al momento dell'esecuzione dell'operazione di trading vi è una diminuzione della volatilità, molto probabilmente non raggiungerai il tuo livello di take profit. Quello che sperimenterai invece è che i tuoi stop verranno bloccati frequentemente. È importante che i livelli di rischio e di rendimento corrispondano ad una funzione dell'attuale volatilità del mercato. Proprio prima della Brexit, ad esempio, la coppia GBPUSD si è mossa molto più del suo normale modello di movimento dei prezzi. L'eccessiva volatilità è stata riscontrata a causa delle numerose notizie contrastanti, e spesso confuse, che si sono avvicendate prima dell'ultima votazione. Se come day trader avessi piazzato un'operazione con uno stop loss di 20 pip, avresti visto le tue operazioni raggiungere spesso lo stop loss e poi invertire rapidamente il loro tragitto dopo averlo raggiunto. Abbiamo mostrato in precedenza quanto possano essere scarsi i risultati se non abbiamo calcolato la volatilità. Ora ti mostrerò la differenza che esiste quando includi la volatilità nella tua gestione delle operazioni di trading.

Metodo

Mantenendo la nostra strategia dell'Effetto Giorno della Settimana, abbiamo aperto l'operazione di trading al primo tick del venerdì. La coppia testata era la stessa utilizzata negli esempi precedenti, EURUSD. Il nostro periodo di test in sample è stato dal 01.01.1990 al 01.01.2012. Il saldo iniziale era di 10.000 USD e l'importo per operazione era di 0,1 lotti. Abbiamo implementato una modifica nel nostro segnale di ingresso rispetto all'ultima prova. In precedenza abbiamo affermato che si tratta di una strategia di trend, in altre parole compriamo se il trend è al rialzo. Questo vale sia per il trend a lungo termine che a breve termine. Come trader sappiamo che questo può portarci di fronte a molti stop loss se il mercato supera i limiti. Se entri e acquisti al prezzo di mercato, potrebbe trattarsi di un intervallo e ciò normalmente porta ad uno scarso rapporto rischio-rendimento all'ultimo massimo. Pertanto, è meglio acquistare sui pullback dato che in questo modo si ha più distanza dal massimo precedente e una migliore ricompensa per il rischio. L'esecuzione è stata la seguente: la tendenza a lungo termine della nostra 20 EMA era superiore alla 60 EMA, tuttavia la tendenza a breve termine della 5 EMA era inferiore alla nostra 20 EMA. È venerdì, abbiamo aperto lo scambio con le nostre impostazioni. Non abbiamo acquistato alla cieca, **ma** sui pullback come piace fare ai trader esperti. Avevamo meno operazioni di trading, ma si trattava di un elemento positivo.

Stop Loss e Take Profit Dinamici

Abbiamo corretto il nostro stop loss e il take profit in funzione della volatilità attuale. Ciò implica che è stato modificato in base alla volatilità attuale con la conseguente ottimizzazione dei diversi parametri. Abbiamo ottenuto i seguenti risultati:

Method	Average profit	Sum Profit	# of winning trades	# of total trades	Standard deviation	Rel number
SL & TP	26.0	4497	98	173	234	1.46

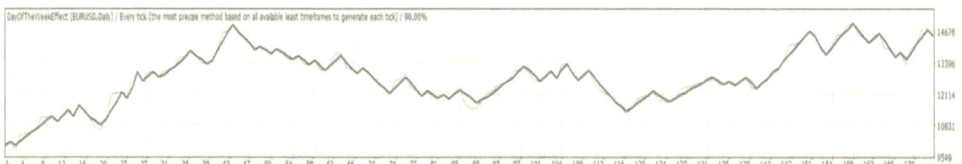

Il grafico mostra la curva dell'equity utilizzando lo stop loss e il take profit della volatilità

Durante il periodo di prova abbiamo ottenuto un profitto totale di 4.497 USD, un numero Rel di 1,46 e un profitto medio di 26 USD.

Stop loss, Take profit e Break Even Dinamici

Abbiamo quindi introdotto un break even, funzione della volatilità attuale, e con questo abbiamo aumentato il profitto medio a 33,9 USD, la somma del profitto a 5.687 USD e il numero Rel a 2,05. C'è stata una diminuzione della volatilità nella curva dell'equity e anche alcune delle nostre operazioni in perdita sono diventate operazioni vincenti aggiungendo un break even. Utilizzando tale funzione abbiamo inoltre bloccato alcuni profitti al di sopra del nostro prezzo di entrata.

Method	Average profit	Sum Profit	# of winning trades	# of total trades	Standard deviation	Rel number
SL & TP	26.0	4497	98	173	234	1.46
SL & TP & Breakeven	33.9	5867	108	173	218	2.05

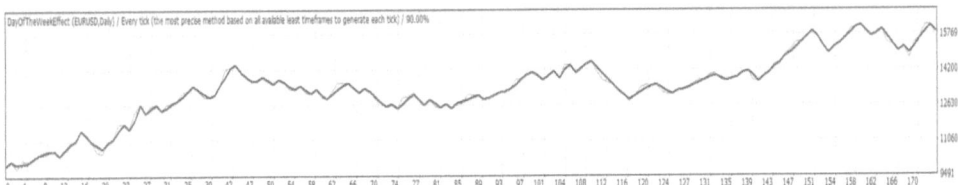

Il grafico mostra la curva dell'equity utilizzando stop loss, take profit e break even che portano ad avere una volatilità delle curve dell'equity più fluide

Trailing Stop

Quando si utilizza il trailing stop sotto il massimo inferiore precedente, si ottiene una certa distanza al di sotto del minimo di quella candela. Ho introdotto tale distanza anche tra il precedente massimo inferiore e lo stop loss in funzione della volatilità recente. In sostanza, non abbiamo avuto uno stop loss ma abbiamo permesso al trailing stop di fare il lavoro, determinando i seguenti risultati:

Method	Average profit	Sum Profit	# of winning trades	# of total trades	Standard deviation	Rel number
SL & TP	26.0	4497	98	173	234	1.46
SL & TP & Breakeven	33.9	5867	108	173	218	2.05
Trailing stop	87.4	15119	68	173	370	3.11
Trailing stop + Breakeven	95.8	16572	90	173	360	3.50

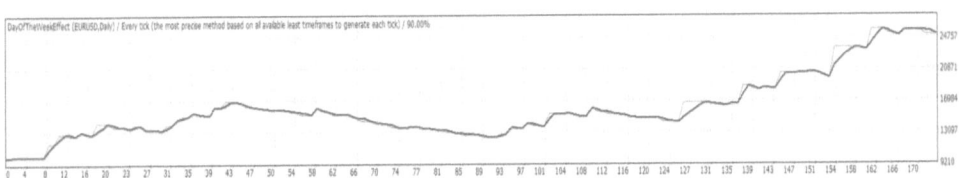

Il grafico mostra la curva dell'equity con il solo trailing-stop

Il grafico mostra la curva dell'equity con trailing-stop e break even

Abbiamo visto che utilizzando un trailing stop il nostro rendimento medio è quasi triplicato, ma abbiamo ottenuto meno operazioni di trading vincenti, il profitto totale complessivo è aumentato a 15.119 USD e il numero Rel a 3,11, con un grande miglioramento. Abbiamo introdotto quindi una funzione di break even in cui abbiamo bloccato alcuni profitti dopo che il mercato si è mosso; anche questa è una funzione della volatilità. Abbiamo aumentato il nostro profitto e portato il numero Rel a 3,5, una differenza notevole. L'ultima volta che abbiamo introdotto il break even abbiamo ottenuto risultati peggiori rispetto a quando non lo abbiamo fatto. Questa volta, quando il break even era una funzione della volatilità, abbiamo ottenuto risultati migliori. Ma ciò che era più importante erano i risultati out of sample.

Test Out of Sample

Abbiamo perfezionato la strategia e l'obiettivo era quella di ottimizzarla per quanto riguardava i dati in sample, e ottenere buoni risultati dai dati out of sample. I nostri dati out of sample andavano dal 01.01.2012 al 01.09.2016.

Method	Average profit	Sum Profit	# of winning trades	# of total trades	Standard deviation	Rel number
SL & TP	26.0	4497	98	173	234	1.46
SL & TP & Breakeven	33.9	5867	108	173	218	2.05
Trailing stop	87.4	15119	68	173	370	3.11
Trailing stop + Breakeven	95.8	16572	90	173	360	3.50
Out of sample test	37.3	1232	20	33	185	1.16

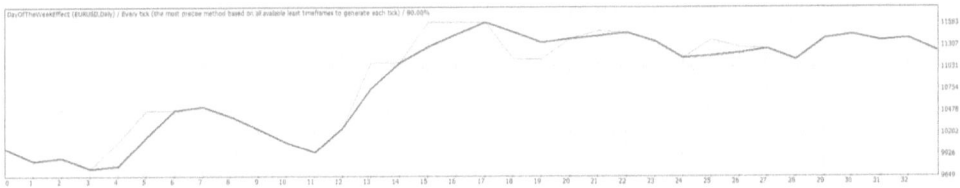

Il grafico mostra il test out of sample

Abbiamo ottenuto un profitto totale di 1.232 USD e un numero Rel per 1,16; inoltre 20 delle 33 operazioni sono risultate essere redditizie. A dire il vero sono rimasto soddisfatto dei risultati perché la coppia, nonostante avesse avuto un trend ribassista all'inizio del 2014, è finita entro la fine dell'anno. Questa strategia di trend rialzista è rimasta sugli stessi livelli durante un periodo di range bound piuttosto buono. Solitamente, nei casi in cui il mercato passa da un sentiment all'altro, le persone subiscono enormi perdite. Tuttavia, siamo rimasti per lo più allo stesso livello con solo piccoli ribassi.

Sommario

Non c'è molto altro da cambiare o regolare in questo metodo. È giunto il momento di decidere se utilizzare o meno la strategia Effetto Giorno della Settimana. La mia conclusione è che può essere utilizzato ed è tuttora valido, ma non seguendo il vecchio metodo in cui veniva utilizzato dai trader per la gestione delle operazioni di trading. Dovresti usare il break even e bloccare alcuni profitti quando un'operazione di trading si mette sulla tua strada. Abbiamo visto che quando non tenevamo conto della volatilità, ottenevamo risultati molto migliori nei risultati in sample. Quindi, quando non abbiamo tenuto contro della volatilità, abbiamo perso tutto il nostro denaro nel periodo out of sample. Ma nel momento in cui abbiamo ottimizzato la contabilità per la volatilità, abbiamo ottenuto risultati accettabili dai risultati out of sample.

Non consiglierei a nessuno di mettere tutti i propri soldi su di una coppia. È fondamentale diversificare il rischio tra coppie di valute e titoli non correlati. Pertanto, se una coppia varia non guadagna molto denaro o subisce una perdita, allora l'altra sarà in un trend rialzista. Le tue perdite nella coppia di valute saranno compensate da maggiori profitti dalla coppia di valute che è in un trend. Abbiamo messo in atto questa strategia per fare trading in giorni diversi: lunedì, martedì e così via. Abbiamo quindi utilizzato le stesse impostazioni per la gestione del trading, oltre ad aver ricevuto i risultati che i venerdì erano i giorni migliori per acquistare in un mercato al rialzo.

Capitolo 4:
Quali Sono I Profitti Realistici Inerenti Al Mercato A Cui Mirare?

Quando iniziano a fare trading molte persone, me compreso, si sentono dire spesso che si tratta di un buon modo per fare soldi in breve tempo. Ho sviluppato alcune strategie e hanno funzionato bene all'inizio, ma includevano anche enormi prelievi. Con questo tipo di risultati è facile concludere che ci deve essere stato qualcosa di sbagliato nella strategia. Ad un certo punto ho ottenuto un rendimento del 20% al mese, il che significava che avrei raddoppiato il mio capitale entro sei mesi. In alcuni mesi ho avuto un rendimento anche del 30%.

Per quanto buoni siano stati i rendimenti, i drammatici ribassi sono stati un segno che le cose erano tutt'altro che perfette. A questo punto ho cercato di scoprire quali fossero i limiti e quali invece i ritorni realistici. Da dove cominciare? Dovrei leggere i forum? Non proprio, solitamente sono pieni di persone che non hanno una valutazione reale e che si vantano di raddoppiare il denaro nei loro conti in un mese e altro, senza fornire l'accesso ai propri dati di trading. Sfortunatamente, anche i dati del trading possono essere falsificati.

Volevo scoprire la posizione degli altri professionisti, confrontando i miei risultati con quelli dei trader istituzionali. Queste sono le persone a cui vengono pagati stipendi e bonus generosi per fare soldi con il trading o investendo per i grandi fondi di investimento e le banche.

Per raggiungere i miei obiettivi di ricerca ho potuto utilizzare strumenti utili come il Barclay Currency Traders Index e il Barclay Systematic Traders Index. Questi tracciano i risultati di oltre 400 trader di valuta sistematici e manuali con un monitoraggio a lungo termine.

Trader Sistematici

Anno	Perf.	Anno	Perf.	Anno	Perf.
1980	-	1993	8.19%	2006	2.10%
1981	-	1994	-3.18%	2007	8.72%
1982	-	1995	15.27%	2008	18.16%
1983	-	1996	11.58%	2009	-3.38%
1984	-	1997	12.76%	2010	7.82%
1985	-	1998	8.12%	2011	-3.83%
1986	-	1999	-3.71%	2012	-3.20%
1987	63.01%	2000	9.89%	2013	-1.10%
1988	12.22%	2001	2.99%	2014	10.32%
1989	1.18%	2002	12.09%	2015	-2.92%
1990	34.58%	2003	8.71%	2016	0.32%[†]
1991	13.37%	2004	0.54%		
1992	3.25%	2005	0.95%		

[†]Estimated YTD performance for 2016 calculated with reported data as of October-21-2016 12:08 US CST

At a Glance from Jan 1987

Compound Annual Return	7.56%
Sharpe Ratio	0.34
Worst Drawdown	22.07%
Correlation vs S&P 500	-0.04
Correlation vs US Bonds	0.11
Correlation vs World Bonds	-0.04

L'utile annuale composto dal 1987 è del 7,56%

I Trader di Valuta

At a Glance from Jan 1987

Compound Annual Return	6.54%
Sharpe Ratio	0.32
Worst Drawdown	15.26%
Correlation vs S&P 500	-0.02
Correlation vs US Bonds	0.13
Correlation vs World Bonds	-0.02

Anno	Valore	Anno	Valore	Anno	Valore
1980	-	1993	-3.33%	2006	-0.12%
1981	-	1994	-5.96%	2007	2.59%
1982	-	1995	11.49%	2008	3.50%
1983	-	1996	6.69%	2009	0.91%
1984	-	1997	11.35%	2010	3.45%
1985	-	1998	5.71%	2011	2.25%
1986	-	1999	3.12%	2012	1.71%
1987	29.56%	2000	4.45%	2013	0.87%
1988	4.28%	2001	2.71%	2014	3.35%
1989	18.89%	2002	6.29%	2015	4.65%
1990	57.74%	2003	11.08%	2016	0.25%[1]
1991	10.94%	2004	2.36%		
1992	10.27%	2005	-1.21%		

[1] Estimated YTD performance for 2016 calculated with reported data as of October-21-2016 12:08 US CST

I trader di valuta hanno registrato profitti annuali composti del 6,54% a partire dal 1987.

Il miglior fondo poteva contare su di un profitto/prelievo massimo di 1, ma la media era 0,5 per tutti i fondi. Ciò significa che i "big boys" hanno sperimentato anche dei ribassi che erano il doppio dei rendimenti. Con una visione a lungo termine, si può parlare complessivamente di profitto. Qui puoi controllare gli indici Barclay: http://www.barclayhedge.com/research/indices/cta/sub/sys.html

Capitolo 5:
Crescita Rapida a Breve Termine vs Crescita Lenta a Lungo Termine

E samineremo due modi di operare nel mercato, a breve termine con crescita rapida e a lungo termine con crescita lenta. Il motore alla base della crescita rapida è l'elevata leva finanziaria a cui i trader hanno accesso sui mercati. Questa leva ti permette di effettuare operazioni di trading con un'esposizione di mercato maggiore rispetto ai fondi che hai a disposizione. Ciò significa anche che puoi esporti a rischi aggiuntivi, alcuni potrebbero persino affermare che stai giocando. Il rischio di una perdita totale del capitale può essere elevato. L'aumento del rischio non può essere disgiunto dalla possibilità di una crescita più rapida. Il secondo approccio è quello di sviluppare strategie che portino minori profitti e allo stesso tempo abbiano un rischio inferiore.

Il primo approccio (veloce e ad alto rischio) è considerato da molti come un gioco d'azzardo con il tuo capitale, e regolarmente ha un alto tasso di fallimento. Il successo, quando si verifica, è in gran parte dovuto alla fortuna casuale e solitamente non dura per un periodo di tempo significativo. C'è solo una piccola percentuale di persone che tentano la carta della velocità, con alto rischio di ottenere ricompense finanziarie.

Alcuni degli individui che ottengono profitti significativi attraverso le loro iniziative iniziali ad alto rischio, sfruttano il loro successo per vivere di quel capitale facendo poi trading con metodi a basso rischio. Tuttavia, come affermato in precedenza, il rischio di una perdita totale di capitale è elevato e le probabilità di successo sono invece basse. Ti suggerisco di sforzarti di costruire un capitale in modo graduale, con una strategia di prelievo basso per mantenere le perdite contenute.

Il trading sul Forex consiste nell'effettuare operazioni calcolate tenendo bene presente l'importanza della conservazione del capitale e della gestione del rischio. Il tuo obiettivo iniziale è quello di sopravvivere nel mercato. La sopravvivenza è uno degli elementi più importanti per un trader, ed è il motivo per cui la conservazione del capitale dovrebbe essere effettuata in modo aggressivo. Il controllo del rischio dovrebbe essere una priorità da prendere in considerazione prima di puntare ai profitti. Deve essere più importante capire come evitare di perdere denaro sul mercato piuttosto che sapere quanto capitale vuoi prelevare. Come dico sempre durante le mie lezioni "devi rendere il fallimento sostenibile". Partendo da questa base e dal tuo livello di comprensione possiamo muoverci verso la prossima serie di strategie.

Capitolo 6:
Big Boys vs Piccoli Trader

n questo capitolo approfondiremo gli aspetti legati ai mercati finanziari, in particolare le differenze tra il piccolo trader medio e le istituzioni.

La Media del Prezzo Non Ha Senso

Quando ho iniziato a lavorare come trader era comune sentire frasi come "fare la media del prezzo". Inizialmente suonava strano e non aveva molto senso. Perché le persone dovrebbero acquistare più azioni di un titolo se questo sta crollando? Prova solo a pensarci in maniera razionale, investiresti più soldi dove stai già subendo delle perdite? No, e non ha alcun senso neanche per l'investitore medio. Abbiamo detto: "riduci le perdite e lascia correre i profitti", e questa è un'ottima strategia di trading. Un'altra delle prime lezioni è stata che si dovrebbe poter contare su di un rapporto rischio/rendimento di almeno di 1:2. È nella nostra natura di opportunisti, di solito preferiamo scommettere quando l'aspettativa di guadagno è maggiormente a nostro favore. Ciò è particolarmente vero quando sappiamo che il denaro che stiamo investendo come minimo raddoppierà se abbiamo ragione, e andremo incontro a una perdita se abbiamo torto. Anche un pazzo con una sola banana a disposizione non vorrà scommetterla se sa che non ne riavrà indietro almeno due; vogliamo il doppio dell'importo che stiamo rischiando.

Niente È Gratuito, Anche l'Acqua È a Pagamento

Quando trovi una buona ricetta, se la segui passo passo dovresti arrivare ad avere una torta gustosa o un piatto delizioso. Ti è stato detto che seguendo esattamente la ricetta avresti ottenuto questo risultato. Allo stesso modo, quello che noi trader/investitori facciamo è credere che se leggiamo libri o guardiamo video e seguiamo semplicemente quelle istruzioni, otterremo un piano solido che ci aiuterà ad avere successo. Ma ciò che stiamo dimenticando, talvolta indicato anche da queste fonti, è che paghiamo per imparare a fare trading. I profitti non arrivano senza rischi. Devi rischiare una certa somma di denaro per ottenere guadagni dal mercato. Avrai letto del tradizionale rapporto rischio/rendimento 1:2. Quello che ti stanno offrendo è un rapporto tra costo del libro e ricchezza. È improbabile trovare qualcuno che ti metta a disposizione le sue strategie di trading complete su come diventare un milionario o miliardario in un libro da 25 dollari, mentre ti insegna ad avere un rapporto rischio/rendimento di 1:2. Ma non si tratta della storia completa, il rapporto 1:2 ha i suoi meriti ma nessuno si impegnerà in un'operazione di trading con te; anche i più sciocchi rifiuteranno la tua offerta di 25 dollari se conosce una strategia per arricchirsi rapidamente che funziona *davvero*. Ecco un altro motivo per cui in questo libro non troverai mai NESSUNA promessa di ricchezza istantanea.

Nei mercati sei tu contro il resto del mondo del trading, e più sei preparato più le possibilità di vincita sono maggiori. Quando guadagni, qualcuno dall'altra parte sta perdendo denaro, non è come guadagnare sui frutti che raccogli. Ricorda che stai prendendo soldi dalle tasche di qualcuno, e questi *non* permetteranno che ciò accada facilmente. In questo momento anche ritirare i propri fondi da una banca richiede una commissione, e sì, si paga anche l'acqua anche se si tratta di una fonte naturale gratuita.

Soluzione al problema

Supponiamo che tu abbia utilizzato 4 anni, i fine settimana e le notti del tuo tempo libero per diventare un trader di successo. Possiedi ogni tipo di libro sul trading. Hai letto numerose fonti online che avrebbero dovuto aiutarti ad avere successo, ma così non è stato. Quindi inizi a pensare a cosa potrebbe esserci di sbagliato nel tuo approccio, dato che sembra che gli altri stiano facendo tutto bene. Un errore di giudizio cruciale è stato quello di fidarsi ciecamente di una parte della letteratura scritta sugli investimenti. Questa è stata l'esperienza di un mio amico trader. Ha quindi iniziato ad aggiungere libri di filosofia alla sue letture. I filosofi sono pensatori critici, e questo lo ha aiutato a diventare critico egli stesso e a pensare in modo differente; e queste sono grandi qualità che un trader dovrebbe avere.

Per quanto ricordo, il mio amico non si fidava nemmeno dei medici. Per molte persone, i medici sono una delle professioni di cui fidarsi di più. Probabilmente ti fideresti di un medico più che di un banchiere. Questo impulso di fiducia non dovrebbe essere così diretto come potresti pensare. La letteratura medica, come quella finanziaria, si basa anche su studi e risultati empirici in cui si ha un'ipotesi che si cerca di rigettare o che si dimostra significativa. Tenti di collegare una causa e un risultato, se fai A allora succederà B. Tieni presente che la maggior parte di questi studi sono esposti a molta casualità, che gli autori probabilmente hanno cercato di "venderti" o hanno provato ad adattare una teoria ai risultati. Questo mi ricorda il detto: "Se torturi abbastanza i dati, confesseranno qualsiasi cosa". Anche in questi studi c'è una probabilità del 5% che i risultati possano essere errati o non significativi. La lezione è questa: prima di prendere una decisione dovresti cercare informazioni più approfonditi e non accettare quello che ti viene detto senza effettuare una valutazione razionale.

Per rafforzare il mio punto di vista, la prossima volta che un giornale finanziario riporta informazioni sull'aumento dei guadagni di una società quotata prova ad acquistare un'azione (su un conto demo). Ciò ti fornirà una comprensione pratica di ciò di cui sto parlando. Ho assistito molte volte a situazioni in cui le azioni sono crollate dopo queste "buone" notizie. Chi paga il conto? L'investitore medio, chi guadagna soldi? I professionisti ovviamente, ecco perché raccomando sempre di pensare in modo critico e imparare dalle persone che fanno trading. Ad esempio, Warren Buffet è noto per prendere buone decisioni di investimento che potresti anche pensare di copiare, ma dovresti avere degli obiettivi simili ai suoi. Si tratta di un investitore di valore a lungo termine.

La Spiacevole Verità

Questa verità si riferisce al modo in cui le coperture professionali e i fondi pensione possono effettuare operazioni di trading con i propri soldi. Per coloro che cercano o necessitano di un'altra prospettiva, suggerisco di guardare il film *La Grande Scommessa*. Se non hai tempo per vedere il film completo, puoi guardare i trailer su una qualsiasi delle piattaforme video online gratute per avere un'idea di cosa si tratta. Nel film, i grandi fondi di investimento vendevano senza sosta e di più quando le loro posizioni iniziali subivano perdite. Questi operatori di mercato sono stati in grado di mantenere le loro posizioni perché hanno preso in prestito denaro per i requisiti di margine. Nel film viene descritto nel dettaglio come nell'ultima crisi finanziaria queste persone abbiano guadagnato miliardi di dollari. Inizialmente portavano avanti un posizione short, e quando il mercato si alzava andavano ancora più short sul prezzo più alto, senza utilizzare uno stop loss.

Altro sugli stop loss. Gli investitori come Warren Buffet non operano nel mondo degli stop loss. Non cercano di uscire dal calo del prezzo di una posizione long. Buffett e i trader istituzionali non utilizzano gli stop loss e possono permettersi di non farlo perché hanno tasche profonde a cui attingere. I fondi di investimento possono rimanere in un trade in perdita per molto tempo perché si tratta solo di una piccola parte del loro portafoglio più ampio, e hanno a disposizione una quantità di capitale quasi inimmaginabile per i requisiti di margine.

Questo è tratto da un articolo che spiega come Buffet sia riuscito ad acquistare ancora di più su una vendita immediata:

Warren Buffet ha mostrato come la vendita immediata delle azioni di Wells Fargo & Co. gli abbiano fatto amare ancora di più il gigante bancario, poiché ha aumentato la sua partecipazione nella società a 504,3 milioni di azioni, secondo i documenti normativi.

Il titolo WFC di Wells Fargo, -0,23% con le azioni che sono calate dell'1,3% il martedì, suggerisce che Buffett ha perso circa 327,8 $ milioni sulla sua quota giornaliera.

Link all'articolo: http://www.marketwatch.com/story/warren-buffett-buys-more-wells-fargo-stock-on-a-dip-2016-03-29

Il guru è stato in grado di mantenere una posizione aperta con una perdita di 327,8 milioni $, e invece di mostrare segni di preoccupazione ha continuato ad aumentare la sua posta. L'investitore medio avrebbe difficoltà a mantenere la calma con una posizione perdente di poche migliaia di dollari (USD). Spero che ora la differenza sia diventata più chiara. Consentimi di spiegarti ulteriormente come le cose siano molto diverse quando un investitore medio fa trading rispetto a quando lo fanno le grandi istituzioni.

Trader Medio:

Aprirà una posizione long in un titolo con un rischio eccessivo per il suo portafoglio totale. Il nostro trader sa che se questa sicurezza scende al di sotto di un certo importo, danneggerà il suo conto e verrà bloccato. Inoltre, se non chiude la posizione non avrà capitale sufficiente per ulteriori operazioni. Per evitare questo scenario mette in atto lo stop loss e va incontro così ad una perdita sul trade. Il nostro investitore trova nuova sicurezza e utilizzerà nuovamente quella strategia.

I Big Boys:

Hanno un piano di trading, in genere con solo una piccola parte del proprio portafoglio investita in un singolo titolo, e hanno una strategia di uscita. Hanno anche effettuato un'analisi "what if" del loro trading prima dell'avvio. Se sono long e la sicurezza diminuisce, si tratta di un potenziale jackpot. Tali istituzioni possono acquistare di più ad un prezzo inferiore, quindi acquistare nuovamente e forse anche il doppio della loro posizione iniziale. Se tutto va male e il broker fa una richiesta di margine, allora si limiterà a prendere in prestito denaro dal proprio network o a negoziare i requisiti di margine.

Cosa non è in grado di fare la maggior parte (non tutti) dei trader più piccoli ed inesperti? In primo luogo, possono prendere in prestito enormi somme di denaro con facilità; in secondo luogo, e qui le cose peggiorano, solitamente non hanno una strategia di uscita o un piano di trading. Molti non vogliono far altro che aprire un'operazione di trading senza pensarci troppo.

Capitolo 7:
Spiegazione della Strategia Martingala

Qui metterò in evidenza e spiegherò una tecnica che all'interno del nostro test ha realizzato profitti sorprendenti nell'arco di 5-6 anni. I risultati saranno rivelati verso la fine del capitolo!

La strategia che esamineremo si chiama Martingala. Fondamentalmente, l'utilizzo di questa strategia richiede di aumentare la dimensione del lotto e di acquistarne di più (se long) quando la posizione iniziale è in rosso. Deve esserci una certa distanza tra gli ordini, in modo da concedere un po' di spazio alla tua operazione. Solo per informazione, e per darti il giusto avvertimento, questa strategia viene utilizzata anche dai giocatori d'azzardo.

Da tempo mi interesso della tecnica Martingala, ma è stato difficile comprenderla appieno con il solo trading manuale. Per questo io e un mio collega abbiamo scritto uno script e creato un algoritmo. Abbiamo avuto un segnale di ingresso insieme al nostro take profit. Ma la voce non si è rivelata poi così buona. Il periodo di tempo utilizzato è stato di 30 minuti e con una lotto di 0,01 come dimensione, unito ad un saldo iniziale di 10.000 USD.

Dopo l'avvio della posizione short iniziale, abbiamo inserito 5 ordini in attesa con limite di vendita al di sopra del nostro segnale di ingresso.

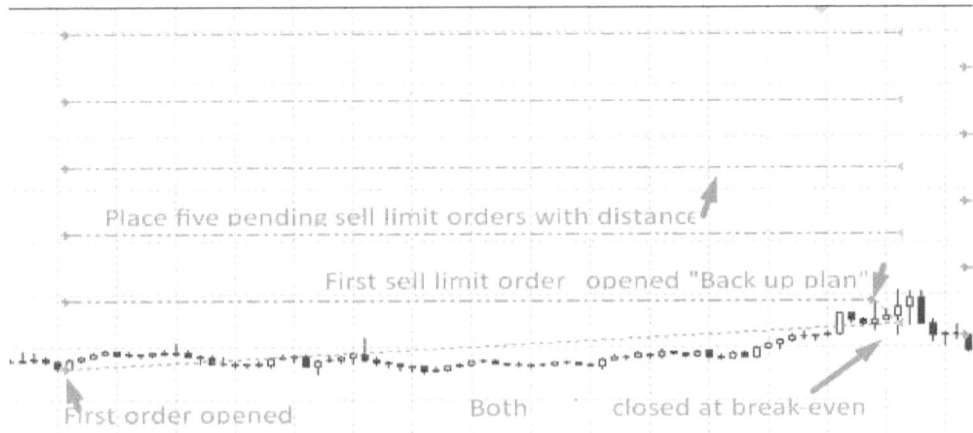

Come puoi vedere sul grafico, è stato attivato uno degli ordini in sospeso e, subito dopo, ha chiuso entrambi gli ordini in break even.

In un altro esempio della nostra strategia avevamo due meccanismi di chiusura. Uno veniva utilizzato solo se l'ordine iniziale era stato aperto, e questo è l'innesco della strategia, mentre l'altro nel momento dell'attivazione di uno degli ordini in sospeso; quindi abbiamo chiuso con un profitto di apertura totale di 0, o break even. Nel caso di errore avremmo aggiunto alla posizione perdente come back up. Non abbiamo ottimizzato nulla, la coppia di test era di nuovo EURUSD e il periodo era dal 01.01.2010 al 10.26.2010.

Abbiamo visto i seguenti risultati:

	Average profit	Sum profit	Winning trade	Total trades	Standard dev	Relnumber
0.1 Startoning lot	45	20066	244	450	307	3
0.9 Starting lot	401	180598	244	450	2763	3
0.9 Starting lot and stoploss	207	86784	227	419	2710	1.6

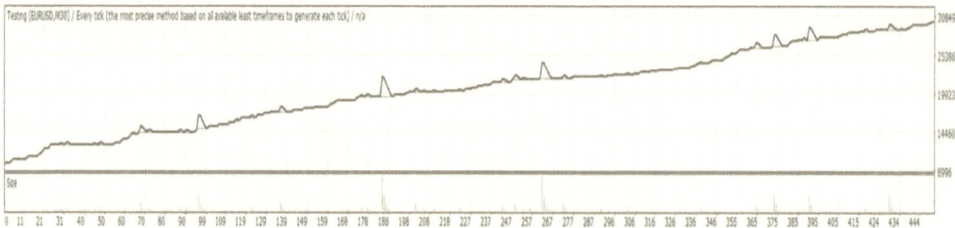

0,1 dimensione del lotto iniziale

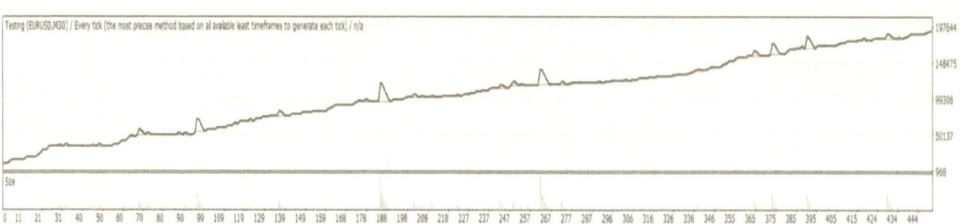

0,9 dimensione del lotto iniziale

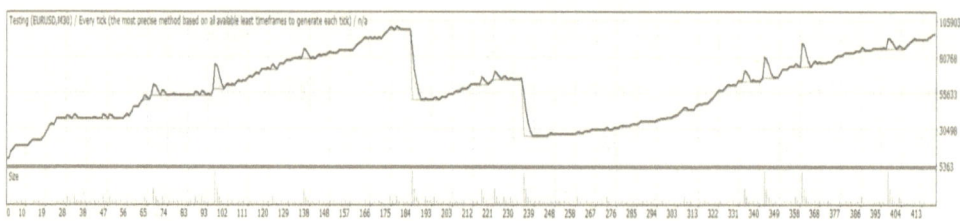

Con ordine stop loss invece del quinto ordine in sospeso

Abbiamo effettuato un back-test a basso e alto rischio. Nel basso rischio
la transazione iniziale aveva una dimensione del lotto di 0,1, mentre con il
test ad alto rischio la dimensione del lotto era arrivata a 0,9. Con 0,1
abbiamo ottenuto un rendimento di circa il 200% durante un periodo di
5 anni con una media del 40% di rendimento annuo, ma con l'alto rischio
è possibile contare su rendimenti ancora migliori considerando lo stesso
periodo. Puoi vedere come la curva dell'equity sia aumentata in modo
lineare, il che è positivo, e non è stato registrato alcun prelievo.

E se includessimo anche una rete di sicurezza per impedire la cancellazione totale del conto? Per l'avvio della strategia ho inserito 5 ordini in sospeso con l'ultimo modificato con un ordine stop loss, il che significa che al di sopra di quel livello tutti gli ordini aperti sarebbero stati chiusi. Abbiamo registrato un profitto inferiore, ma dal 2010 abbiamo registrato un aumento dell'800%. Dal grafico è anche possibile notare come si siano verificati alcuni ribassi ingenti; personalmente la ritengo una buona strategia piuttosto che pensare di correggerne un'altra per avere guadagni solo nella media. Sono a mio agio con una certa quantità di rischio, ma se avessi voluto fare un trading live in questo senso non avrei mai messo in gioco più di 10.000 USD.

Sommario

Abbiamo visto che se vogliamo fare trading come le grandi banche, dobbiamo eliminare lo stop loss usando la mentalità. Quando le istituzioni sono in una modalità di acquisto di un titolo possono essere *davvero* long, e se il titolo scende ne acquistano semplicemente una parte maggiore ad un livello inferiore. Raramente, se non mai, useranno uno stop loss. Operano senza stop perché se lo possono permettere. Ciò che i trader più piccoli possono rischiare è una richiesta di margine o uno stop-out, nel momento in cui la sicurezza non viene mai ritracciata. I trader che mettono in atto la strategia, dopo che la posizione short è stata aperta, possono prendere in considerazione l'utilizzo di uno stop loss che vada oltre a dove si inseriscono gli ordini limite di vendita. Se il prezzo aumenta ulteriormente, chiudi tutti i tuoi ordini e accetta la perdita. Se fossi un investitore passivo, potrei preferire questa tecnica piuttosto che essere sempre inseguito dai broker e perdere le operazioni di trading. Potrei prendere in considerazione questa strategia, ma preferibilmente con un rischio basso, lotti di piccole dimensioni e come parte di un portafoglio più ampio. Dai un'occhiata alla crescita costante della curva dell'equity, non abbiamo mai avuto un prelievo, il che è un buon segno se vuoi guadagnare come i grandi trader.

Capitolo 8:
Aggiungendo ai Vincitori In Che Modo Gestiscono i Professionisti I Loro Trader

Come abbiamo visto, la strategia Martingala prevede semplicemente di comprare di più se long, o vendere di più se short quando il mercato non è positivo per la nostra posizione. Esiste un'altra strategia chiamata Anti-Martingala. Questa prevede di raddoppiare o triplicare il tuo investimento se sei n un momento di profitto. Nel nostro scenario, entri nel mercato e sei long su un titolo con un prezzo di entrata di 50$. Dovrai tenere anche conto della regola predefinita che se il mercato si sposta fino a 55 $, allora sposterai lo stop loss della prima operazione in break even e aprirai un'altra operazione con il doppio della dimensione del lotto. Il tuo prezzo obiettivo per entrambe le operazioni sarà di 60 $.

Il vantaggio di questa strategia è che se hai ragione guadagnerai molto più denaro di quanto ne potresti perdere sbagliando. Visto che hai aumentato la tua quantità di trading il mercato non deve muoversi così tanto. In questo caso si parla di "aggiungendo ai vincitori". Lo svantaggio è che se il mercato si inverte dopo aver attivato il secondo o il quinto ordine, ti troverai a fare trading con ordini aggiuntivi e andrai incontro a perdite maggiori.

Scenario 1							
Trades	Amount		Price	SL	TP		Result
1	0.0100		1.5610	1.5600	1.5590		-10
Total							-10
Scenario 2							
Trades	Amount		Price	SL	TP		Result
1	0.0100		1.5610	1.5600	1.5590		0
2	0.0300		1.5600	1.5610	1.5590		-30
Total							-30
Scenario 3							
Trades	Amount		Price	SL	TP		Result
1	0.0100		1.5610	1.5600	1.5590		20
2	0.0300		1.5600	1.5610	1.5590		30
Total							50

Scenario 1: Viene attivato solo la propria operazione di trading e lo stop loss con una perdita di -10 USD.

Scenario 2: Entrambe le operazioni vengono attivate, ma lo stop loss della prima operazione viene modificato in break even; se viene attivato lo stop loss della seconda operazione allora avrai una perdita di -30 USD.

Scenario 3: Entrambe le operazioni vengono attivate ed entrambe raggiungono il take profit con un profitto totale di 50 USD.

Segnale di Ingresso

Se dopo la chiusura precedente il massimo si trova sopra le bande di Bollinger e la candela, allora apriamo uno scambio short (vedi grafico).

Gestione del Trading

Se il prezzo supera i 100 pip, chiudiamo lo scambio. Se il mercato si sposta di 100 pip al di sotto del prezzo di entrata della transazione iniziale, apriamo una seconda operazione con il doppio della prima. Quindi modifichiamo lo stop loss della prima operazione in break even. Lo stop loss della seconda operazione è uguale al prezzo di entrata della prima, vale a dire di 100 pip. Entrambe le posizioni hanno un take profit a 200 pip, da dove siamo entrati nel primo scambio. Utilizzando una distanza basata sulla volatilità, quella che si verifica tra gli ordini è una funzione della volatilità giornaliera. Come accennato in precedenza, questo aspetto è importante perché la volatilità è differente in momenti diversi.

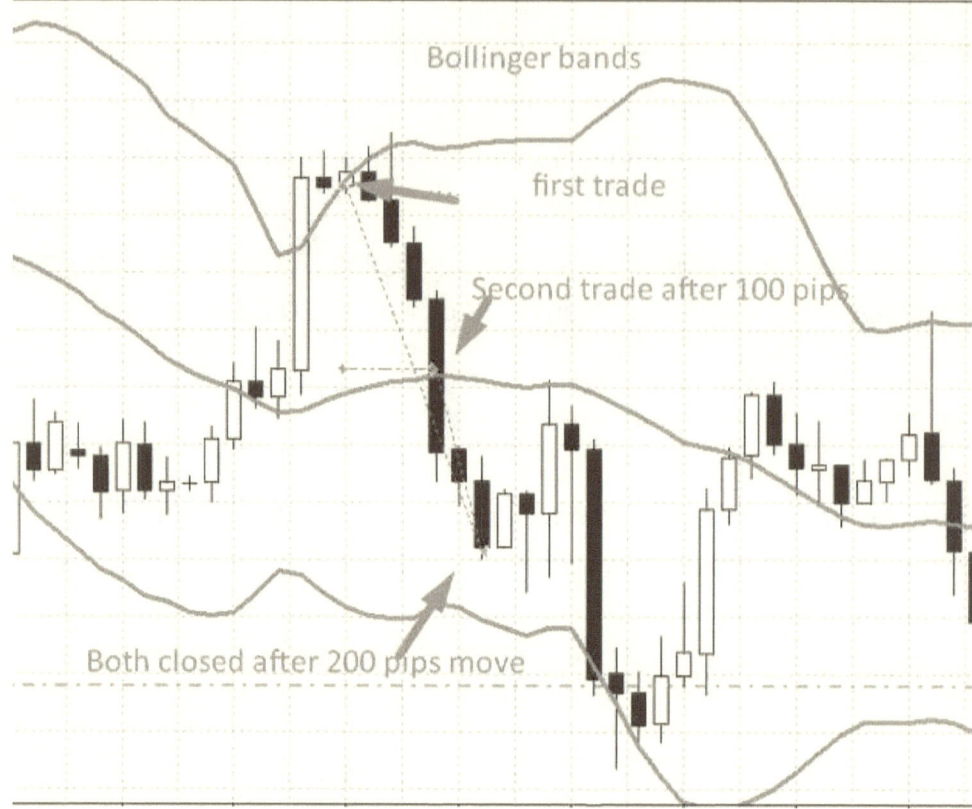

Il grafico sopra riportato illustra il nostro segnale di ingresso e la gestione del trading.

Strumento di test: EURUSD

Periodo di test: 01.01.2009 – 01.01.2016

Saldo iniziale: 10.000 USD

Intervallo di tempo: grafico a 4 ore

Risultati del test:

Average profit	Sum profit	Winning trade	Total trades	Standard dev	Relnumber
27	8949	140	330	206	2

Durante un periodo di 7 anni abbiamo registrato un profitto di circa il 90% e su un totale di 330 operazioni 140 si sono rivelate redditizie. Puoi vedere che anche la curva dell'equity è aumentata costantemente, il che è positivo, e che siamo andati incontro sia ad alcune perdite che ad alcune vittorie, ma in media abbiamo guadagnato.

Sommario

Possiamo concludere che questo strumento di amministrazione delle operazioni di trading è un buon metodo per gestire operazioni che non hanno un buon profilo vincente. Dalla curva dell'equity si evince anche che non si sono registrati grossi ribassi. La chiave è assicurarsi che la distanza tra gli ordini sia una funzione della volatilità. Dovresti considerare questa strategia se stai cercando un'alternativa al tradizionale rapporto rischio/rendimento 1:2 o 1:3. Molti trader professionisti utilizzano questa strategia nelle loro operazioni di trading e con molto successo

Conclusioni

Grazie per essere arrivato alla fine di *Expert Advisor e Strategie di Trading Forex*. Spero che tu possa averlo trovato informativo e in grado di fornirti alcuni strumenti aggiuntivi per raggiungere i tuoi obiettivi di trading. Come consiglio sempre nei miei libri, il passo successivo è quello di agire. Prima di aprire un contro live, crea un conto demo con il tuo fornitore di trading preferito e continua a provare le strategie fino ad ottenere i risultati sperati.

Gli altri miei libri che hanno dimostrato di aiutare i trader e gli investitori sono: *Spiegazione dell'Analisi Tecnica per il Forex* e *Programmazione di Expert Advisor per Principianti: Strategie Massime di Profitto Forex MT4*.

L'Autore

Wayne **Walker** dirige una società che si occupa di consulenza e formazione sui mercati di capitale globali (gcmsonline.info). Vanta diversi anni di esperienza nella guida e nel coaching di team di consulenti per gli investimenti, oltre ad aver gestito team con le migliori prestazioni in un Gruppo di Clienti Privato basato sul Bench Mark Earnings (BME).

www.ingramcontent.com/pod-product-compliance
Lightning Source LLC
Chambersburg PA
CBHW021907170526
45157CB00005B/2007